もっと幸運を呼びこむ不思議な写真

FUMITO

The seasons • Pray • Holy Land overseas
Japanese Holy Land • Messages from Clouds • Stone energy

サンマーク出版

不思議な世界へようこそ。

　この本の写真は、"不思議"な光や現象が写っているものばかりです。

　なぜなら、私は多くの人が**目でとらえることのない"存在"や"エネルギー"を目で見ることができ、それを撮っているから**なのです。

　この本に載っている写真は、あなたにとって見たことのないものかもしれません。

　でも、じつはあなたの世界をとりまく日常も、**あなたを幸せに導く、不思議なエネルギーであふれている**のです。

この本の使い方

この本の写真は、あなたの好きなように見て、
感じて、楽しんでください。

ただ、見えない世界とつながり、
あなたの可能性をより広げるための見方をご紹介します。

1

気に入ったページの写真を、
瞬(まばた)きせず１０秒間見つづけてください。

2

深く呼吸しながら、
この写真を通して、自身の内面にわき起こること、
広がる感覚を感じてみてください。
また、そのビジョンから、
何かイマジネーションがわいてきたら
書きとめてみてください。
感じること、
創造することを深く呼吸をして受容してみてください。

3

充分感じたら、目を開けてください。

PROLOGUE
不思議な日常へようこそ

6万人が感動！

　この本を手に取っていただき、ありがとうございます。
　あなたは、創造のエネルギーを無意識にキャッチしたようですね。
　そして、**新たな人生に踏み出す準備ができている**ようです。

　この本は、目に見えない存在やエネルギーを写した写真集です。前著『幸運を呼びこむ不思議な写真』のパート2にあたりますが、さらにパワーアップしました。
　私が生まれ育った神社から、訪れた世界各国の聖地まで、私が心の目で愛を感じたものを写し撮ってきました。

よりパワーアップした不思議な写真を楽しんでいただければうれしいです。

　さて、前著『幸運を呼びこむ不思議な写真』は、ありがたいことに**大変好評で増刷を重ね、6万部を発行しています**。香港、台湾、韓国と東アジア地域にも発行され、たくさんの方々にエネルギーを受け取っていただいています。
　「不思議な写真」を見た方からは、うれしいことに、

「感動で心が震えた」
「涙があふれてとまらなかった」
「いいことが起こった」

という反響をたくさん、本当にたくさんいただきました。その反響の一部をご紹介しましょう。

◎写真がキレイで購入したのですが、「見るだけで、いいことが起こりはじめる」のキャッチフレーズの通り、起こりはじめました！ **見た翌日に転職（ひきぬき）のオファー**がきて、さらにやりたいことをやれそうです。ありがとうございます！（29歳／女性）

◎とてもステキな写真たちで感動しました。困ったときに開くと力強いメッセージ……進むべき方向が見えてくるのがよくわかります。この本に出会えたことがとても幸せです。**一生大事に、宝物にします。**ありがとうございます。（30歳／女性）

◎何枚かの写真で、**自然と涙が出てきてビックリ**した。弱気になっていた心に、少しずつ力がわいて、"何とかなるかも"と思えてきた。うれしい。（41歳／女性）

◎力がみなぎる感じを受けました。この本を買ってから、**宝くじ、たくさん当選しました。**
(51歳／男性)

◎購入してすぐ軽い気持ちでパラパラと目で追っただけで**鳥肌が立ち、何とも言えない気持ちに包まれました。**本当に不思議ですね。
(49歳／女性)

なぜ、いいことが起こるのか？

　なぜ、私の撮った写真が見た人の魂に訴えかけるのか？　なぜ、その人の人生にまで影響を及ぼすことができるのか？　それは、写し出された目に見えないエネルギーの影響ともいえますが、いままで**「存在しない」と思っていた存在や現象を目にすることで、思いこみの枠がはずれ無限の可能性を感じることができる**からではないでしょうか？

そのため、無意識にも**選択が変わり、いままでとは違う一歩を踏み出すことで、何かしらのよいことをその人自身が起こす**ようです。

「不思議な写真」の撮り方

　前著の反響のひとつに、**「私も不思議な写真を撮ってみたい」**という声がたくさんありました。

　そこで、ちょっとしたコツをここでご紹介しましょう。
　あなたが見て惹き付けられるビジョンがあったら、**目を閉じてそこからくるエネルギーを感じてください。**

　心の内面で「どう感じるか？」「どんなイマジネーションがわいてくるのか？」という具合です。

　その感覚を信じて、**そのイマジネーションを撮影**

する思いをこめて、その瞬間にシャッターを切ってください。

　きっと、あなたの思いがこもる写真になると思います。
　ぜひ、チャレンジしてみてください。

産霊から生まれる幸せな人生

　前著よりさらにパワーアップしたこの本では、とくに、**見て感じてそれを信じることができれば、心の内面ですべてを創造することができる**ということをお伝えしたいと思っています。

神職の家系に生まれた私ですが、幼少期に両親から教えてもらった言葉があります。
　それは、**産霊**（むすひ）という言葉です。
　漢字を見るとわかるように、**自分自身の身から産み出すものすべてに、魂がこめられる**ということです。

　考えること、それを言葉として出すこと、感じたことを表現すること……自身から産み出されるすべては、**自分の内面にいる神様の魂がこめられていく**ということです。

　ですから、**この本で、知ることや考えること、感じることを今度は、あなたが新たに表現として創造していってください。**
　そうすれば、素晴らしい幸運でいっぱいの人生を歩んでいただけることでしょう。

　さあ、ページをめくって、創造の光を受け取ってください！

CONTENTS

装丁・本文デザイン：冨澤 崇（EBranch）
編集協力：株式会社ぷれす
本文DTP：朝日メディアインターナショナル
編集：金子尚美（サンマーク出版）

- ●この本の使い方 ………… 004

- ●PROLOGUE　不思議な日常へようこそ ………… 006
  - ６万人が感動！ ………… 006
  - なぜ、いいことが起こるのか？ ………… 010
  - 「不思議な写真」の撮り方 ………… 013
  - 産霊から生まれる幸せな人生 ………… 014

  - 🌱 「春夏秋冬」の美しさは、こうしてつくられる ………… 020

  - 🦋 人が「祈る」とき、何が起きているのか ………… 044

  - 🏰 海の向こうのマジカルな聖地 ………… 064

  - ⛰ 八百万の神の国・日本の聖地 ………… 086

  - ☁ 雲からのメッセージ 〜クラウドピープル〜 ………… 106

  - ✴ 不思議な石のエネルギー ………… 126

- ●EPILOGUE　幸運の道は必ずある ………… 146
  - 人生は自分の内面次第 ………… 146
  - 目には見えない確かな存在たちへ ………… 150
  - 光をあなたに送ります ………… 152

The seasons: Spring, Summer, Fall, Winter

「春夏秋冬」の美しさは、
こうしてつくられる

すべての季節に神は宿る

　季節の移り変わりは、樹木や草花を見ていると、とてもわかりやすいですよね。
　私の場合、神職の家系で生まれ育っているため、季節の変化は自然の移り変わりだけでなく、**神社の"祭り"によって強く意識することが多かった**といえます。
　春の「例大祭」、夏はじめの「夏越祭」「神ごと送り」、秋の「新嘗祭」、そして冬の「羽山籠り」。

　神社の祭りは、私たち日本人が季節の変化を敏感にとらえ、大事にしてきたことのあらわれともいえるでしょう。
　また、「すべてに神が宿る」という神道の考え方がありますが、**すべての季節に神が宿っている**ととらえてこうして祭りが行われてきたのかもしれません。

これから、春夏秋冬、それぞれの季節を象徴するエネルギーにあふれた写真をご紹介します。

　春は芽生えの時季であり、新たなスタートのエネルギーに満ちています。
　夏は、すべてを全開にするエネルギー。
　秋は読書や食欲の季節といわれますが、結果が実り、さらに発展していく次のステップへのエネルギー。
　そして冬は、春に向けての準備段階で、内面を見つめるエネルギー。

　それぞれの季節のもつエネルギーをぜひ感じてください。

春の光からは、"らせん"のエネルギーを感じます。
草花を芽吹かせる、創造のエネルギーです。

The seasons: Spring, Summer, Fall, Winter

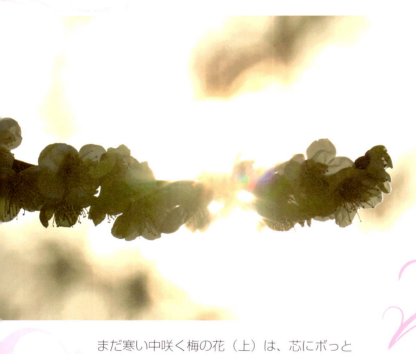

まだ寒い中咲く梅の花（上）は、芯にボッと火がともるような内に秘めた力をもちます。一方、桜の花（右）には、軽やかに花びらが開く、高揚感があります。

どちらの花にも花が開くときのエネルギーが光として写し出されています。

夏は全開のエネルギー。
幸福の花、ロータスのつぼみをとりまく強いエネルギーが写りました。

ロータスからは、すべてを受容してくれる女性性を感じます。
自分をゆるせない、過去を忘れられない……そんな人には、この花は、**自分をゆるすやさしいエネルギーを与えてくれる**でしょう。

カリブの楽園、メキシコ・カンクンの海
です。

水しぶきから発せられるエネルギーは、
まさに**"海王神"の横顔**。わかりますか？
あなたの心を開放してくれます。

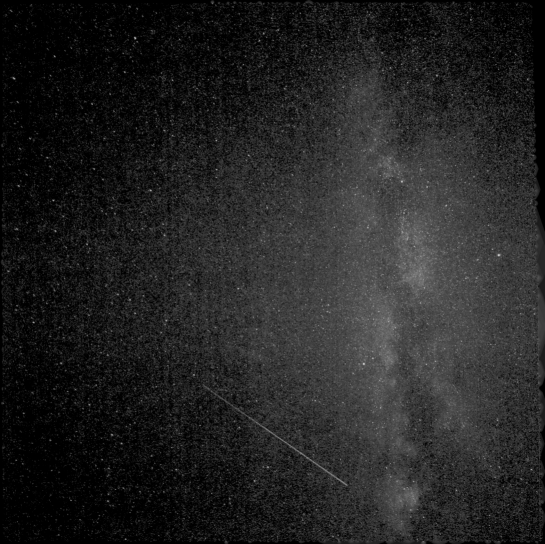

アメリカ・セドナのカセドラルロックに
登ったときに見た天の川と流れ星。

心を開放すれば、願いがかなうのは近い
のかもしれません。

THE SEASONS: SPRING, SUMMER, FALL, WINTER

奈良の銀杏(いちょう)。
秋は、すべてが満ちるとき。そして、まもなくやってくる冬にそなえ、**次のサイクルに向かうシフトチェンジのとき。**

準備は、できていますか？

THE SEASONS: SPRING, SUMMER, FALL, WINTER

どちらの写真も、アメリカ合衆国ノースカロライナ州のアシュビル。
上の写真の**オーブは木の精霊**。冬を経て次のサイクルを迎えるための準備に入るようです。

この写真は、**見た瞬間何かのエネルギーが噴き出しているのを感じ、ビックリしてシャッターを切りました。**その後、この山を案内してくれた方が「2日前に雷が落ちて折れた木」だと教えてくれました。雷のエネルギーがまだ残っているのをとらえた一枚です。

高千穂、冬の朝日。寒い空気の中、包まれるようなあたたかなエネルギーを感じました。

内面に目を向けましょう。次のあなたのステージが見えてきますよ。

THE SEASONS: SPRING, SUMMER, FALL, WINTER

裏高尾。オーブは、雪の精霊、山の精霊。
雪の精霊や妖精は、とにかく無邪気なエネルギーです。

手水舎(ちょうずや)のひしゃくの水が、風に吹かれたまま凍っています。強いエネルギーを感じ、シャッターを切ったら、オーブとして、雪の精霊も写りました。

山中湖の朝焼け。

やがて、新しい季節がめぐってきます。

あなたは、次のステージへ向かう準備はできましたか？

PRAY

人が「祈る」とき、
何が起きているのか

願いが届く祈りのコツ

　祈りの"効果"は科学的に証明されているといいます。

　祈りについて、私が感じるのは、祈る対象（神）と祈る側とのエネルギーの循環が行われるということです。
　つまり、**自分の思いが神に届き、さらに神からのエネルギーが自分に流れこむ**というイメージです。

　祈りのコツは、まず**「名前を言って、感謝をすること」**。
　これは、幼少期に、神主である祖父から教わったことでもあります。
　ですから私は、神社だけでなく、教会やエネルギーを感じるスポットに行き祈る際には、必ず「名前」と「感謝」を伝えるようにしています。

私は、**名前を名乗ることとは、心の内面から働きかける"ノック"となる**のだと考えています。
　願いをかなえたい、守ってほしいという祈りは、やはり勝手にかなえられるものではありません。
　心の内面からしっかりと意図をすることで、祈りはかなえられるのです。

　あなたも、祈りの際には「名前」と「感謝」を意識してみてください。

　これから、教会、ピラミッド、神社で写した「祈りのエネルギー」をご紹介します。

　視覚としてとらえることで、あなたに祈りのエネルギーを感じていただけることでしょう。

フランス・ルルドの聖堂のマリア像前に
並ぶ祈りをささげるろうそくの光。

私たちは、愛の中で愛されている存在と
いうことに気づいてください。

左は、大天使ミカエルのお告げで建てられたというモン・サン・ミッシェル。パートナーのLICAの祈りと、大天使ミカエルのエネルギーが同調していました。

下は、教会で、人々の祈りのエネルギーが視覚化したもの。

左は、ルルドのマリア像。右は、モン・サン・ミッシェルのサン・ピエール教会のマリア像。どちらも、**多くの人の祈りに呼応するマリアの慈愛のエネルギー**で、光を発していました。

スペイン・バルセロナのサグラダ・ファミリアの
ステンドグラス。ステンドグラスにはそれぞれパ
ワーあふれる言葉が入っていて、日が差しこむと
ともに、太陽のエネルギーと言葉のエネルギーが
入ってきます。

よい言葉を使うとよいことが起こる……といわれ
ますが、やはり**言葉にはパワーがある**のです。

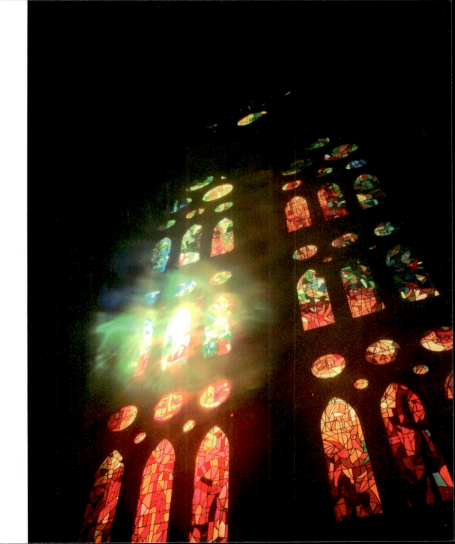

メキシコ・テオティワカン「太陽のピラミッド」の下。太陽を信仰する人々が、旅人たちのバッグを集め、みな無事に帰れるように祈っています。

多くの人々の祈りには、大きなエネルギーが発生します。

私の実家、福島の「金沢 黒沼神社」の鳥居。人々が初詣で集う、元日。
1月1日、11時11分の光。この時間、必ず鳥居の真上に太陽がきます。

こちらも元日の「金沢 黒沼神社」。
しめ縄は、その年採れたワラでつくり、祝詞(のりと)を奏上します。その祈りのエネルギーなのか、結び目の真ん中から、12の光が発せられています。

参道から見たこの景色には、太陽エネルギーと木の精霊が写りこんでいます。

御神木のしめ縄の結界のエネルギーが写っています。このようなしめ縄は、木の中の神々をお守りするものです。

Holy Land Overseas

海の向こうの
マジカルな聖地

パワースポットはなぜできるのか？

　土地にはさまざまなエネルギーが存在します。
　そのひとつには、**その地域の方々の意識が集合意識となって作用している**ということがあります。
　人々が集い祈る「教会」や「聖地」のエネルギーはその典型でしょう。
　信仰心の集合意識が、さらに土地のエネルギーを活性化させているのです。

　また、**大自然のエネルギーが結び付き、交流したところに渦ができ、大きな大きなエネルギーポイントになっている場所**も、パワースポットになります。

　私は、いままで約20か国に、足を運んだことがあります。
　いわゆる聖地やパワースポットと呼ばれているところ以外でも、なぜか、懐かしさや強烈に涙が出てくる場所、以前この場所にきたことがあると感じる

場所など、何か所もありました。それだけでなく、無条件の愛や心と身体の一体感を得られた場所もありました。

　このような場所では、**私の内面がその土地のエネルギーとどこか共鳴するから**なのだと思っています。

　ですから、ぜひあなたにも多くの場所に足を運んでいただいて、あなただけのパワースポットを見つけてほしいと思います。
　もちろん、どこか遠くへ行く必要はありません。あなたが行ける範囲でも、きっとお気に入りの場所は見つかることでしょう。

　これから紹介する聖地やパワースポットには、私**が海外で出会ったとてもパワフルなエネルギーが写っています。**
　なかなか遠くへ足を運ぶ機会がない方にも次ページからの写真を見て、ぜひそのエネルギーを体感してほしいと思っています。

アメリカのアリゾナ州・フェニックスのサンセット。
サボテンの草原に、大地の力強いエネルギーが根付いているのを感じました。

大地の力強いエネルギーを受けて、**地に足をつけた自分になれば、**もう何があっても**大丈夫**です。

イギリス最大の聖地といわれるグラストンベリー。
この聖ミカエルの塔には、東西南北からやってくるエネルギーが交差して、**強力なボルテックス（渦）が生まれていました。**

セドナのカセドラルロック。
大地から突き上げるような強い上昇のエネルギーを感じました。

成功する人は、「ここぞ!」というときに、エネルギーをうまく出しきれる人です。
カセドラルロックの上昇エネルギーを感じてください。

カセドラルロックの頂上で、山の精霊と出会いました。
土地のエネルギーとは反対に、あたたかなやさしさを感じました。

土地の強いエネルギーの影響で、木がこんなにもねじれてしまっています！

インディアンの聖地、ロサンゼルス・イーグルロック。

バシャールの取材の初日にあらわれてくれたこの子鹿。**大事なときには、神様の使いがやってくる**ものです。

すがすがしいエネルギーを感じたレッドロッククロッシング。小川に浮かぶ鴨(かも)がエネルギーを回しているのか、エネルギーに鴨が集まっているのか……とにかく、気持ちのよい場所でした。

この花は、小川沿いのホテルのカフェテーブルに生けてあった切り花なのですが、そこに精霊が！　切り花にこのような現象はなかなか起こりません。

カリブ海、黄金のサンライズ。

この土地ならではの差しこむような日射(ひざ)しと、海の開放的なエネルギー。

すべてに満ち満ちている、豊かさのエネルギーを送ります。

バルセロナのモンセラット。

一つひとつの岩が包みこむようなエネルギーを発していました。

ルルドのマリア像。みんな笑い合い、アベマリアを歌い、慈愛に満ちた、まさに天国のような聖なる空間でした。

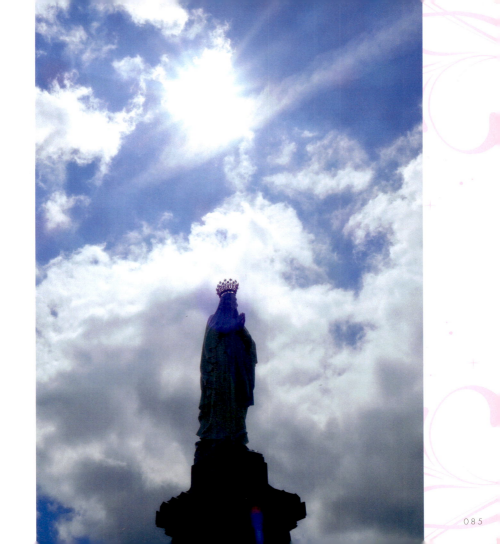

JAPANESE HOLY LAND

八百万の神の国・
日本の聖地

日本には数えきれないほど聖地がある

　日本には、数えきれないほど聖地やパワースポットがあります。
　もともと日本では、**目で見るすべての自然には神が宿る**とされてきました。そのため、その八百万(やおよろず)の神々を奉(まつ)る場所を設け、神々が宿る聖地と伝えられてきています。

「土地のエネルギーは、その地域の方々の意識が集合意識となって作用している」ということを、66ページでもお話ししました。
　そのことを強く感じたエピソードをお話ししましょう。

　2011年3月11日の東日本大震災の後、福島市にある私の実家でも、一時断水になりましたが、給水車がなかなか回ってこない状況でした。さらには、井戸水などの自然の水も放射性物質の数値が高いと

いわれました。

　しかし、実家の神社の水を放射線測定器で測ってみても、まったくというくらい通常の数値でした。

　これは、地域の方の**信仰心という集合意識が、土地のエネルギーを活性化させているから**なのではと感じずにはいられませんでした。
　水神様に感謝をし、街中の方々、そして野生の鳥たちにも、その水を飲みに来ていただきました。

　これから、そんな八百万に神が宿る日本で、とくに私がエネルギーを感じているパワースポットの写真をご紹介します。

京都・鞍馬山(くらま)の魔王殿近く。

鞍馬山からは、陰と陽でいえば、「陰」である**「受容」や「結界」といったエネルギー**を感じます。

太古、金星から隕石(いんせき)が落ちてきたとされるこの山からは、とても宇宙的なエネルギーを感じます。

鞍馬山には、山の精霊、妖精などがたくさんいます。

この付近で、巨木を見上げる不思議な人を見かけました。地球人ではなかなか感じないエネルギーを彼から感じました。背がかなり高く、欧米系の顔立ちの彼は、**目をそらした一瞬で消えました……**。

山の精霊か、はたまたどこか違う次元からきた人物か……。

高尾山の麓。
じつは、霊園の観音像です。

春には桜が満開になるこの場所は、とにかくエネルギーの高い、私の秘密のパワースポットです。

あなたの秘密のパワースポットはどこですか？

高尾山薬王院の前には、鼻の高い「天狗(大天狗)」と烏のくちばしをもった「烏天狗(小天狗)」という、2体の天狗像があります。

こちらは、烏天狗像の背にあらわれた、烏天狗のエネルギーです。
烏天狗は、次のステップを「大丈夫」と後押ししてくれるエネルギー。私が、ファッション界に入るときにも、あらわれてくれました。

裏高尾の木の精霊と、川の精霊。

木の精霊は白っぽい、川の精霊は青っぽいオーブであらわれてくれます。

あなたも、ぜひ山や川に行ったときに、感じてみてください。

伊勢(いせ)で出会った白い鯉(こい)。
「白龍(はくりゅう)」に思えてしかたなく、思わず写真を撮りました。**見ていると、心から澄んだ気持ちになり、拡張するエネルギーが感じられた瞬間**の写真です。

富士山の磁場と太陽のエネルギーが重なる瞬間、**私たち日本人は魂と共鳴して涙が出るほど感動します。**

このエネルギーを湖に反映しているのが、右の写真。山と太陽と水のエネルギーが調和しています。

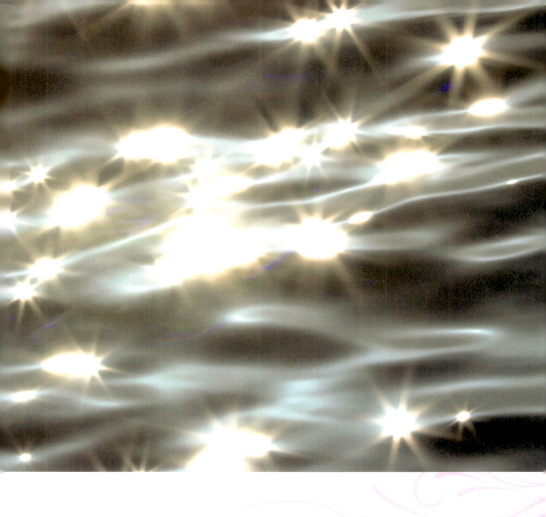

日本の中心にあるようにそびえ立つ富士山。私は大好きで、いままでに2回登頂しています。

9合目までくると絶対的一体感と、山のもつ鼓動のようなエネルギーを肌で感じます。
とくに、頂上の浅間大社奥宮でお参りすると、より感謝の気持ちがわきます。

Messages from Clouds

雲からのメッセージ
～クラウドピープル～

雲と対話をしてみませんか？

　私は、幼少期から空を眺めるのが好きでした。
　まるで息をしているように表情を変える雲が、自分の心の空模様と同じように思えたのです。

　次第に、その**雲には八百万の神がいるように思え、常に見守られている意識に変わりました。**
　さらに、それは感謝に変わり、愛を感じるようになりました。
　そしていつしか、神様が空からメッセージを示してくれているように感じていました。

　2011年に初めてセドナを訪れたときに、現地の方と交流することがあり、そこで、ビックリすることを言われました。

　「あなたは、空の住人にいつも見守られているね」
　「あなたは、クラウドピープルだよ！」

そのとき、私はハッキリと気づかせてもらいました。自分自身と対話するときに空を眺めると、**無限に広がる広大な空模様に、八百万の神がさまざまなメッセージを発してくれている**ことに……。

　あなたも、自分自身と対話をするとき、雲を見つめてみてください。
　何かサインとなるような形で雲が答えのヒントをくれるでしょう。
　そうすれば**あなたも、雲からメッセージを受け取る「クラウドピープル」**です。

　これから、コンドルや龍の雲、UFO雲、彩雲、雲海まで、さまざまな不思議な雲「ミステリークラウド」をご紹介します。

　あなたもこの雲の読み解き方を参考に、ぜひ空を眺めながら、自分自身との対話を楽しんでください。

スペイン・フィゲラスのダリ美術館の帰りに見たコンドルの雲。

ダリのアートに刺激を受けている私に、**「誰しも、無限の可能性がある」「自由に羽ばたけ！」**という強いメッセージをくれました。

つい最近、出会った龍雲。
前著でもお話ししましたが、**龍は、変化のタイミングであらわれます。**

ここまではっきりとした龍を富士山の前で見せてくれたということは、私にも新しい変化が待っているのかもしれません。

Messages from Clouds

どちらも龍雲。
左の写真に、龍の横顔が見えますか？ メキシコのポポカテペトル山なのですが、ここはじつはUFOの聖地といわれています。

右の写真は、ちょうど前著が出る前、台風のときに出会いました。人の顔のようにも見えますが、黒い部分が龍の頭で、白い身体も見られます。

実家の「金沢 黒沼神社」の「羽山籠り」から帰宅途中、真っ赤な龍雲が迎えてくれました。

どちらも、雲の中にUFOがあります。
UFOは、高次元のエネルギーと共鳴したときにあらわれます。また、**自分の未来世からのメッセージ**の場合もあります。
UFOを見たときは、「自分に何のメッセージがきているのか」を意識して、自分と向き合ってください。

彩雲は別次元への入り口。このときではないのですが、お台場でたくさんのUFOが飛び交っていたときがありました。そのとき、すべて彩雲に入っていき、消えてしまいました。

MESSAGES FROM CLOUDS

朝4時の八王子。
雲海のベールに包まれる街。

バルセロナの空。
パリでカメラを無くし、ショックで落ちこんだままバルセロナに移動したのですが、なんと奇跡的にカメラが見つかったのです!

そのときに、**「すべてが愛の中にある」**というメッセージを雲が見せてくれました。

STONE ENERGY

不思議な石の
エネルギー

形や並べ方でエネルギーの流れが変わる

　私は、クリスタルが大好きです。クリスタルは種類も豊富で、形もさまざまです。
　原石の状態から、丸形、卵形、ハート形、スカルの形やマカバの形（男性性と女性性が合わさった形）など、さまざまな形があります。
　放出するエネルギーは、その石独自のエネルギーだけでなく、その**形によって、また、どんな認識で使うかでエネルギーの放出する流れが変わってくる**のです。

　たとえば、スカルは、「自分の意識を入れる」ために活用される形です。
　心の奥にいる本来の自分をスカルのクリスタルに転送するように意識し、スカルと向き合い、**自身を知ることに使ったり、時には高次元の存在と交信するときに使ったりする**こともあります。

また、**さまざまなクリスタルを並べて、磁場をつくる**こともできます。これを「グリッド」といいます。
　クリスタルのエネルギーポイントをサークルのように置いて、神聖な場をつくったり（139ページ）、蜘蛛の巣のように多数のクリスタルを置いて、エネルギーの磁場をつくり複数のエネルギーを能動的につくり出したりすることは、古代のシャーマニズムから行われているといわれています。

　もともと日本では、家を建てる前に地鎮祭というお祓いを行うのですが、**家を建てる土地の四角に丸形の水晶を埋めて浄化し、繁栄をもたらす地にしてから、家を建てる**という風習もいまだにつづいているところもあります。

　これから、石独自のエネルギー、そして形やグリッドによってさまざまに放出するエネルギーをご紹介します。
　石の不思議なエネルギーを、ぜひあなたの目で確かめてください。

上の写真がレムリアンシードで、右の写真がアメジストです。
ともにハート形のエネルギーが放出されているのがわかりますか？

石は、**常に語りかけているとあなたに応えてくれます。** 逆に、意識を向けられていない石は、眠った状態になってしまいます。あなたのご自宅にそんな石はありませんか？

Stone Energy

上のクリスタルは、レムリアンシードでつくられた「ヴォーゲルワンド」。ヴォーゲルワンドとは、アメリカの科学者、ヴォーゲル氏が、エネルギーを増幅させる黄金比を発見し、それに基づきカットされた杖（ワンド）です。**放出されるエネルギーが見えますか？**

STONE ENERGY

134　不思議な石のエネルギー

このグリッドは、**愛のエネルギーを拡張するもの**です。
中心のピンクのクリスタルは、ローズクォーツです。

大きなエネルギーが見えますね。エネルギーが発動しはじめた瞬間をとらえました。

第三の目を開くためにもちいたといわれるアポフィライト。サークルを組んでみたら、エネルギーが広がりました。

このようなビジョンを見ると、**見えないものを感じる力が活性化する**ことでしょう。

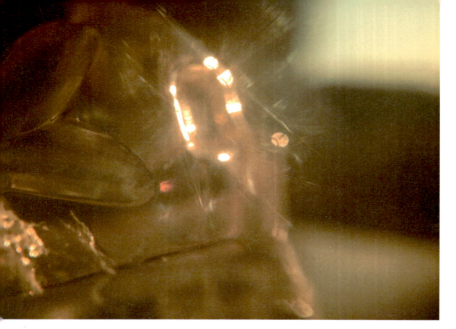

レムリアンシードでつくられたスカル。
スカルは、けっして悪いシンボルではありません。**自分を客観的に見るためのシンボル**です。
自分を別の視点で定期的に見ることは、物事をすすめる上でとても大事なことです。

アポフィライトに、天使の意識を放射させるグリッドです。

私はパートナーの LICA と CD を出しているのですが、レコーディングの前、自分の**クリエーション能力を広げるために**このようなグリッドをつくりました。

水晶のクラスター。
さまざまなエネルギーを統合しているため、七色に輝くエネルギーを放射しています。

たとえ、**一見マイナスな出来事でも、さまざまな経験は、あなたを七色に輝かせてくれる**のです。

Stone energy

セドナのエンジェルバレーで、ひとつだけ私に話しかけるように光を放っている石がありました。

意識を向けると、共鳴したせいか、ますます光りました。

石は、意識を向けると光ります。

これは、**石だけでなく、あらゆることに、「意識を向けるかどうか」が大切**、ということなのかもしれませんね。

Epilogue
幸運の道は必ずある

人生は自分の内面次第

　最後まで、ご覧になっていただきありがとうございます。
　私は常々、「幸運の道は必ずある」という思いをもっています。なぜなら、**あなたの人生は、あなたの内面のあらわれ**だからです。

　「幸運の道は必ずある」という思いが、**シンクロニシティを呼び起こし、現実をつくっていく**のです。
　いまのあなたの人生は、すべて内面の気持ちのあらわれです。そうはいっても、なかなか自分の幸運を信じられないこともあるでしょう。

　私も、125ページでお話ししましたが、パリでカメラを無くしたときは、絶望状態になりました。

じつは、「ちょっといいものを」と奮発して買ったばかりのカメラだったのです。
　さらに、この本にも入れようと思って撮りためていた数々の写真……。ショックでした。

　でも、このとき、ハート形の雲を見たこともあり、**「愛の中で愛を感じる」という普段気づかないことに気づかせてもらうきっかけになりました。**
　その後、「カメラが見つかった」という海外では信じられないことが起こりました。それからミラクルが重なり、無事私の手元に戻ってきて、あらためて「感謝」「愛」を実感できたのでした。

　ときに、絶望的な状況や現象が起きることもあるでしょう。「人生は心の内面のあらわれ」です。
　幸運の道を信じて、幸運のシンクロニシティを起こしていきましょう。

　何があっても、**けっして自分を責めるなどしないでくださいね。**

そして、希望が見えないときこそ、この写真集を開いてください。この写真集が、あなたの心の内面に光を当てる一助になれば、うれしく思います。

目には見えない確かな存在たちへ

前著に引きつづき、この本を一緒につくってくださった、サンマーク出版の金子尚美さん、ありがとうございました。

また、神様の意識を小さいころから教えてくれた実家の「金沢 黒沼神社」と、神職だった亡き父、母、兄姉、そして、最愛なるパートナーのLICAちゃんに感謝を送ります。ありがとうございました。

そして、目には見えない確かな存在たちと、この本を手に取り、見てくださったすべての方に、愛と感謝と光を送ります。

光をあなたに送ります

　最後に、光の写真と、私が祝詞を奏上して書かせていただいた「光」の文字をあなたに送ります。

　私はよく文字のエネルギーをもちいています。実家の神棚の上（天井）に、**「光」という文字を書いた紙を、神棚の上に光があるように貼っています。また、家の照明器具の中に「愛」という文字のものを入れて、愛が光で照らしてくれる**思いをこめることもあります。

　この写真＋光の文字で、あなたの幸運の道が、光で照らされますように。

愛と感謝と光をこめて
FUMITO

PROFILE

FUMITO（ふみと）

クリエイティブプロデューサー。空間演出家。パラレルアース(株)代表。
東北の神社に生まれ、自身も國學院大學にて神職の資格を取得し、神職としても活躍。また、幼少のころから「共感覚」という知覚により、見えないものに対する鋭い感覚をもち成長する。
現在は、ファッション、コスメブランドなどのパーティーやショーの空間演出家、イベントプロデューサーとして数々の企業イベントを手がけている。
同時に、東日本大震災以降、目に見えない存在からの目に見えるメッセージを受け取り、すべては愛と感謝と光であると体感。それ以降、パートナーのLICAとともに見えない世界に関する講義や、ワークショップ、スクール、執筆活動を行っている。
著書に、ベストセラーとなった『幸運を呼びこむ不思議な写真』(小社)、共著で『次元間トラベリング』(ヒカルランド)、『あ、バシャールだ！ 地球をあそぶ。地球であそぶ。』(ヴォイス)などがある。また、パートナーLICAとの共同CDプロデュースに『幸運を呼びこむシンクロニシティミュージック』(キングレコード)などがある。

地球遊園地を楽しもう！ YESの法則
http://ameblo.jp/parallel-earth

もっと幸運を呼びこむ不思議な写真

2017年2月10日　初版発行
2018年6月20日　第7刷発行

著　者	FUMITO
発行人	植木宣隆
発行所	株式会社 サンマーク出版 東京都新宿区高田馬場2-16-11 (電)03-5272-3166
印　刷	共同印刷株式会社
製　本	株式会社若林製本工場

© FUMITO, 2017 Printed in Japan
定価はカバー、帯に表示してあります。落丁、乱丁本はお取り替えいたします。
ISBN978-4-7631-3595-7　C0030

ホームページ：http://www.sunmark.co.jp

サンマーク出版のベストセラー

幸運を呼びこむ 不思議な写真

FUMITO【著】

A5変型判並製　定価＝本体1200円＋税

見るだけで、いいことが
起こりはじめるという噂(うわさ)が！

◆ ツキを呼ぶ自然界に存在する「精霊・妖精」
◆ 変化のタイミングであらわれる「龍」
◆ 癒しの「生命エネルギー」
◆ 見えない世界へ誘う「使者」
◆ 夢をかなえる「宇宙エネルギー」
◆ 愛と光のエネルギー「天使」

電子版はKindle、楽天〈kobo〉、またはiPhoneアプリ（サンマークブックス、iBooks等）で購読できます。

サンマーク出版の話題の書

天使が教えてくれた「おしゃれの法則」

LICA【著】

四六判並製　定価＝本体1600円＋税

世界的デザイナーが天使から受け取った「幸運を呼ぶファッション」！

ラッキーを引き寄せるおしゃれな「チャーム」付き

- ◆ デザイナーの私が受け取った天使からのメッセージ
- ◆ あなたのガーディアンエンジェルの名前を聞いてみましょう
- ◆ 願いをかなえる祈り方・不安を断ち切る祈り方
- ◆ 天使とつながり、しあわせを呼ぶ「ミカエルのコインチャーム」
- ◆ 天使とつながるファッションポイントは「清潔感」と「光」
- ◆ 数字に隠された秘密〜エンジェルナンバー〜
- ◆ 天使から「贈り物」をもらう方法

電子版は Kindle、楽天〈kobo〉、または iPhone アプリ（サンマークブックス、iBooks等）で購読できます。

サンマーク出版のベストセラー

成功している人は、なぜ神社に行くのか？

八木龍平【著】

四六判並製　定価＝本体1500円＋税

あの経営者も、あの政治家も、あの武将も知っていた！ 日本古来の願いをかなえる、すごい！「システム」

◆ 日本を動かした天下人は必ず神社に参拝している
◆ 神社には、日本版ザ・シークレット「スキマの法則」があった！
◆ 「信長の失敗と家康の成功」その違いは神社のあつかい方にあり！
◆ 経営の神さま・松下幸之助は龍神の力を借りた
◆ 神さまが「ひいき」をする人、しない人
◆ 次元を何度も超えてしまう！　超強力パワースポット
◆ なぜ、おさいせんは「５００円玉」がいいのか？

電子版はKindle、楽天〈kobo〉、またはiPhoneアプリ（サンマークブックス、iBooks等）で購読できます。

サンマーク出版の話題の書

あなたの人生に奇跡をもたらす
和の成功法則

大野靖志【著】

四六判並製　定価＝本体1500円＋税

流すだけで、お祓いができる、「ボーカロイド祓詞(はらいことば)CD」付き

- ◆ 日本発！　東洋と西洋を合わせもつ「和の成功法則」
- ◆ 現実をうまくいかせるには「違う次元」にアプローチする
- ◆ 「勝ち・負け」ではない分かち合い助け合う「和」のDNA
- ◆ 積み重ねではなく、「積み減らし」が大事な理由
- ◆ 祓うことで無限の可能性の場である５次元に戻る
- ◆ 付属ＣＤを利用してすべてを祓い、言霊で願いをかなえる方法（１）（２）
- ◆ 日本語は「願望実現言語」である

電子版はKindle、楽天〈kobo〉、またはiPhoneアプリ（サンマークブックス、iBooks等）で購読できます。